橋口幸子

いちべついらい

田村和子さんのこと

装幀　櫻井久、中川あゆみ（櫻井事務所）
写真　武田花

はじめに

田村隆一さんは和子さんにいつもいっていた。

「和ちゃんは幸運の持ち主だと思うよ。なんたって、ラッキー・セブンだからね。正妻としては四番目だけれども、ぼくの七番目の女性だから、どう考えてもやっぱり、ラッキー・セブンなのよ」

「ラッキー・セブンね。それは結構なことだわね」

和子さんは、田村さんの言葉をいつもそういって、さらっと聞き流していた。

橋口幸子

いちべついらい

田村和子さんのこと

一九八〇年一月、稲村ヶ崎の田村和子さんの住む家に、わたしたち夫婦が間借り人として適切かどうか、面接を受けにいった。面接をするといってきたのは、和子さんのほうからだった。

紹介者であるH書房の田村隆一担当の編集者と、もうひとり、わが家に遊びにきていた夫の同僚と、四人で寒い冬の夕方訪ねた。

当時、わたしは長い髪にくるくるパーマをかけて、一時期のオノ・ヨーコのようなあたまをしていた。悪い印象にならなければいいがと心配した。

家に入ると、すぐにいわれた。

「わたしのこと、おばさんじゃなく和子さんと呼んでね。よろしくね、和子です」

編集者を除いた三人は、いきなりのあいさつに口をあんぐりとあけた。

和子さんは奥の台所に引き返して、持ち手のついたタバコ盆をさげてきた。そして、タバコを一服しながら、お茶の用意をした。

丁寧に湯冷ましで湯を冷まして、じっくりと煎れてくれた。大きめのメガネをさわりながら、ぽたぽたとこぼしているところをみると、どこかぬけているところがあるのは明らかだった。

和子さんは、詩人の北村太郎との駆け落ちから稲村ヶ崎の家に戻って日も浅く、何かに怯えて神経がぴりぴりしていた。

そのとき、和子さんは四十九歳だといった。

面接の帰りにレストランに入った。夫が最初に嫌だというだろうとひそかに思った。

「いいんじゃない。ぴりぴりしていたけど、よさそうなひとにみえる。ぼくはいいよ」

稲村ヶ崎に住むことになった。編集者から、面接も合格だといってきた。

家賃三万五千円で、わたしたちは坂の上の田村家の二階の一部に住むことになった。六畳と変形五畳と、横長の三畳半ほどの台所、それにユニットバスとトイレがついていた。

稲村ヶ崎に引っ越す日は、二月のよく晴れた、とても寒い日だった。食器はほとんど友人たちが包んで箱詰めしてくれた。同じ鎌倉市内の雪ノ下から稲村ヶ崎だからそう遠くはない。が、手間は近かろうが遠かろうが同じだ。手がかじかむほど冷たく、申し訳なさでいっぱいだった。

そのころ、夫の祖父が八十歳代で元気にしていた。稲村ヶ崎に引っ越すと報告したら、「何もあんな、キツネやタヌキの出る遠くにいかなくても」といわれた。わたしたちは千円でも家賃が安ければそれでよかった。

ところが大きな勘違いがあった。稲村ヶ崎に住むということは、江ノ電に乗らなければ、街にはいけないということだ。交通費のことなんか何も考えていなかった。

何度か自転車で鎌倉の街までいった。

行きはずっと下りで快適だった。

帰りは急な極楽寺坂を自転車を押してのぼり、稲村ヶ崎の駅から家までは、ゆるく曲がりながらのなだらかな登り坂で、最後の十メートルはそれこそ心臓破りの急坂。

つづけるには体力も根性もなかった。

ひとに比べたら、引っ越し荷物が多かった。和子さんは冷蔵庫の大きさに驚き、「家を傷つけないで」と、何回もいった。

タンスが三棹あるということにもあきれかえられた。

和子さんはかなりすっきりと片づけて、よけいなものはいっさいない生活だった。

窓ガラスには、一点の曇りもなかった。

部屋のなかの観葉植物も完璧に管理されていた。


引っ越しも終わり、そろそろふつうの生活が戻ってくるかなと思いはじめたころのことだ。

ある日の午前中、夫が出かけるとしばらく経って、「ゆきちゃーん、お茶にしなあい」と声がかかった。

その日がはじまりだった。

まず抹茶でお菓子を食べ、さらに二服目をいただく。はじめのうちは和子さんが点ててくれた。そのうち、「ゆきちゃん、お願いね」とお鉢はわたしにまわってきた。

二服の抹茶のあとには緑茶だ。

和子さんは本来の話し上手だった。


和子さんのお母さんは津田英学塾に通っていた。一方、お父さんは東京外国語大学でイタリア語を学んでいたが、退学し、彫刻に転向した。

和子さんの話は、ふたりが出会い、結婚したという話からはじまった。

「親父が強引だったのよ。間違いないわ」と和子さんはいった。

聞きながら、和子さんのなかでお父さんの存在は大きいのだなと感じた。話すときは親父と呼んでいたが、こころのなかではもっと親しみをこめて呼んでいたに違いない。

お父さんは彫刻家だった。高田博厚。フランスではルオーやジャン・コクトー等、同時代の画家や彫刻家や文学者たちとも親交のあった方だった。

鎌倉市に寄贈されている彫刻が市の施設に展示されたことがあって、みにいったことがある。

力強くて繊細で、素晴らしかった。


お父さんは和子さんが生まれた翌年には、四人の子供と妻を残して、フランスに渡った。

それっきり、和子さんが二十七歳になるまで一度も日本に戻らなかった。

けれど、ある日突然、帰るといってきた。ついてはアトリエと家を探してほしいという。

和子さんは最初のご主人Tさんとふたりで、お父さんのための家を西落合にみつけた。その家をアトリエと住居に改装する時間がほしかった。和子さんはそのために、飛行機で帰国するというお父さんを説得して、船で帰ってきてもらった。

幸いなことに、和子さんの最初のご主人は建築家だった。だからアトリエを改装するのはお手の物だった。

和子さんは横浜の港でひと目みて、お父さんとわかったそうだ。とてもよく似ていたからだ。

その日から和子さんは、とてもいいお父さんのアシスタントになった。それだけが理由ではないが、和子さんの一度目の結婚は終わりを告げることになった。


たしか、和子さんは田村隆一さんとはお父さんのお使いでいった昭森社という出版社で、初めて会ったと聞いている。わたしはその出版社を現実には知らない。田村さんはぼろぼろのセーターとつんつるてんのズボンをはいていたと、和子さんは笑いながらいった。

あるとき、「高田博厚さんのお嬢さんですか。田村隆一です。よろしく。きょうは少しお金が入りましたから、いっしょに飲みましょう」と、誘われた。

最初に会ったときから悪い印象は何も持っていなかったので、その誘いをうけた。当時和子さんは三十三、四歳ぐらいだったと思うが、離婚後は洋裁のアルバイトをしながらお父さんを助けていた。

間もなく、狭い和子さんのひと部屋のアパートに、田村さんが転がり込んできた。「わたしはね、押し入れに引っ越したのよ」と、楽しそうにそのときのことを話してくれた。

静けさはいっときしかつづかなかった。次々に田村さんが客をつれてきて、アパートでの宴会となった。古いアパートだったから、たちまち文句が出はじめて、和子さんはたいへんだった。

自由業のひとの行動は、普通のひとには理解してもらいにくい。でも、和子さんは辛抱強く、ここで田村さんとの生活をつづけた。

「田村といっしょに暮らすようになって、最初にやったことはなんだったと思う」

あるとき聞かれた。皆目見当がつかなかった。

「セーターとシャツとズボンを買うことよ」と、笑いながら和子さんは話した。

「なんてったって、ぼろぼろのつぎあたりのセーターだったし、つんつるてんのズボンだったからね」

わたしは詩人の金子光晴のドキュメンタリー番組で、その表現のまんまの田村さんがちらっと映ったのをみたことがあった。

「そのセーターってクロでしょう」とつい口走った。モノクロの映像だったけれどもそんな気がしたのだ。

「えっ、なんで知ってるの」

わけを話した。

「へえ、そんなものあんの」

そのころはまだ、田村さんは三人目の妻であった岸田衿子さんと正式に離婚はしていなかった。

和子さんはそんなことにこだわるひとではなかった。


洋裁をしながらお父さんのアシスタントをつとめ、さらに田村さんと暮らしはじめた。生活は楽ではなかったが、詩の天才といっしょにいるという自覚と楽しみは持っていたと思う。

お父さんには知られるまで報告しなかった。

和子さんのなかではお父さんがいちばんの天才だったのではないか。つぎに田村さん。このふたりは、和子さんのなかでは、いつもとても大きな存在だった。

和子さんはいっていた。

「お金が足りなくなると、親父の財布から一枚ぬきとったものだったわ。無頓着なひとで、なんにも気づかないのよ。ステーキ買うときは、こっそり一枚多めに買ってね。ポストに隠しておいて、隆ちゃんの晩のおかずにしたの」

ステーキがつづくと、「オマエはステーキしかできんのか」とお父さんに怒鳴られたそうだ。

やがて、田村さんのことをお父さんにもさとられてしまった。

「お前このごろ、詩人といっしょに暮らしておるらしいな。そいつはどの程度の奴なんじゃ。○○が天才じゃというとったが、どうなんじゃ」

和子さんの言葉をそのまま書こうと思ったらこうなったが、〇〇のところはだれだったか、忘れてしまった。

お父さんにとっても、和子さんにとっても、人格がどうであるかの前に才能豊かかどうかが問題だったのだ。そんなことはいうまでもないことだったのかもしれないが、不思議な親子の会話だと感じた。

才能豊かであれば、自ずと人格もそなわっているものなのだろうかと、そのときは単純に思った。

才能のないものはまず論外だったのかもしれない。


和子さんの話は、毎日毎日つづいた。

朝十時ごろから夕刻暗くなるまで。

しまいには、「昨日話したっけ」といいながら、同じような話がつづくこともあった。

平々凡々と育ってきたわたしには、いちいちが新鮮でもあった。というよりも驚きであった。それまで、こんなに詳しく自分のことを話すひとに出会ったことがなかったから、不思議な気がした。


昼になると、はじめのころはキャベツいっぱいの焼きうどんだった。キャベツとベーコンと茹でたうどんを大きな中華鍋で炒めて、ちょっと焦げ目がついたら醤油を鍋はだにかけ、じゃじゃっと炒めて終わり。

食べるときに好みで七味唐辛子をかける。

何回かつくってくれてわたしに伝授する。つぎからはわたしがつくるのだ。

ソーメン、ヒヤムギ、ソバ、焼きおにぎり、いずれもわたしがつくった。飽きると稲村ヶ崎の駅前の偕楽からラーメンをとった。

本来、和子さんは料理上手だった。けれど、若いころに鼻を患い、匂いを失った。わたしが会ったときはとうに「鼻馬鹿」になっていたが、舌は確かで、倹約料理の名人だった。けれども、いったん特別の客がみえると、ローストビーフからおでんまで各種に渡ってつくるのだった。

八、九種類の具の入ったおからとひじきは、なかでも逸品だった。つくるときはたくさんつくって、あちこちにお裾分けにいっていた。

一粒のごはんも無駄にはしなかった。

どうしても食べられなくなったものは鳥たちにやり、それもダメなら庭に大きな穴を掘って土にかえしたから、何も生ゴミが出なかった。

部屋には無駄なものは一切なく、なんでもおく場所はきちんと決まっていて、あと片づけをするわたしは緊張した。


毎週ではないが、日曜日の遅い朝は煙のにおいがしていた。わたしは午前中から夕方まで和子さんの話を聞いていたから、すっかり夜型人間になっていた。

自分の校正者としての仕事は夜中にやっていた。

日曜日になると、和子さんはちいさな庭の草取りをした。枯れ葉とともに青草も燃やすものだから、二階のベランダに干したわが家の洗濯物はいぶされて、煙のにおいがしていた。

ある日、和子さんの服装を二階からみたわたしは大いに驚き、そして笑った。大昔の黒いブルマーをはき、両足をにょっきりと出して、下駄をはいている。和子さんは色の白い小柄な女性だった。

「その格好どうしたの」と思わず叫んだ。

「ブルマーよ。女学校時代のだよ。へんかなあ」

「ううん、おもしろい」

和子さんはほんとうの始末やさんだった。普段着のほかはジーンズ一本。そのほかはもうよそゆきの服しかなかった。

当時はジーンズが外に出るときの服だったから、草取りになんかはけなかったのだ。

わたしは大昔のブルマーをはいて作業している、和子さんのくったくなさがとても好きだった。

和子さんは話し上手で、わたしは何度も同じ話を聞いているのに、つぎには何が出てくるの、とまるで推理小説を読み聞かせてもらっているような気分になっていた。けっして仕合わせいっぱいに育ってきたわけではなさそうだ。いつも母親の顔をみながら育った。

和子さんには、三人のお兄さんがいた。お母さんはその息子たちを、それぞれ遠縁にあたる確かな家に養子に出して、生きるために働いた。

そんななかでも、しっかりと和子さんを見守ってきたのだから、つよい女性の見本みたいなひとだと思った。

和子さんは、お母さんのことは多くを語らなかったが、それはただ単にいっしょにいた時間が少なかったからだろうか。

和子さんは女学校に通う最後のころに喀血して、結核を発症した。

お母さんは和子さんは死ぬと思ったらしいが、自分ではそんな気はちっともしなかったのよね、と涼しい顔でわたしに話した。

その後、肺の手術で片肺の切除をした。

間もなく、お母さんが亡くなった。心臓が悪かったと聞いた。

「手術にもこなかったから、へんだと思ったのよね」と、さらりといった。

わたしたちが和子さんと住みはじめてから初秋のころまでは、玄関がいっしょだった。

だから、下にお客さんがいると出にくかった。玄関にいくには居間を通らなければならなかったからだ。

大事な来客だったりするとなおさらだ。

二階の部屋で、どうしたものかとひとりもじもじしていると、状況をみていたかのように、

「ゆきちゃん、通るときは遠慮いらないからね」

と、声がかかった。

救われた気分で、「ありがとうございます。いま出かけます」と大声で返事をして、とんとんと階段をおりていった。

ときには、お客さんが詩人の鮎川信夫さんであったり、小説家の阿部昭さんであっ

たりすることもあって、お顔は知っていても実物に会うのは初めてで、びっくりしたものだ。

和子さんは女性よりも断然男性が好きだった。しかも、文学や芸術の話のできる相手が。

そんな男性がそんなにたくさんいるわけではないから、ふたりのようなお客さんのときはじっくりと会話を楽しんでいたかったのだ。

大きな声でしゃべると、二階にまで声が聞こえてくるような家だった。わたしはなんとなく居心地が悪くて、そんなときはさっさと出かけたくなっていた。

掃除に対する潔癖性は徹底していた。居間のガラス窓には一点の曇りもなく、いつもぴかぴかだった。

あるとき、その窓を掃除しているのに出くわした。

ロングスカートをまくり上げ、竹の庭ぼうきと、水がだらだらと流れているホースを持って、和子さんが庭に立っていた。

左利きの和子さんは（字は右手で書いた）、ほうきを左手に持って、右指でホースを調節しながら、外からざぶざぶと水をかけて、ガラスの窓を器用に洗い流している。

わたしはあまりの様子にびっくりして、居間に立ちつくしてながめていた。

はじからはじまで、実に上手にきれいにしていく。

手伝うでもなく、ただぼんやりとながめているうちに、終わってしまった。

なかなか気分のいい光景だった。なかからみているわたしは圧倒されて、まるで洗車機のなかにいるような気分だった。

「終わった。これがいちばんよ。ゆきちゃんも覚えておきなさい」

わたしにできるとはとても思わなかった。

和子さんの家の窓はサッシではなく、木のガラス枠だった。木が腐ってしまわないかと心配した。

その水のせいか知らないが、大きい窓枠の側にはこんもりとアロエが育ち、季節になると赤い毒々しい花がいっぱいに咲いた。やけどをしたり、胃の調子が悪くなったりすると、その生い茂ったアロエのふっくらとした葉をもらった。

和子さんはこの家をとても愛していた。最初の部分はお父さんの絵を売って資金をつくった。

後になって総二階にするときには、田村さんの住宅ローンで増築したといった。

ローンを組めてうれしかったのだということが、和子さんの表情から痛いくらいに伝わってきた。

和子さんの掃除機はスウェーデン製で、かなり強力な吸引力だった。

「ゆきちゃん、いつでも使っていいからね」といわれていた。

わたしは和子さんが出かけた日にさっそく借りてきて、二階の掃除をした。ひと部屋が焦げ茶色の絨毯だったので、そこをその掃除機できれいにしたかった。

いままでそんな強力な吸引力の掃除機を使ったことがなかったから、わたしはおもしろくて仕方なかった。

全部あっという間に終わり、さて下に返しておこうと思って階段の上に立つと、階段の上の天井が薄汚れてみえた。じっとみたら、ほんとうに汚い。

几帳面な和子さんにも落ちこぼしがあったことに、なんだかうれしくなって、そこの掃除に取りかかった。三角形の吸い口を天井のクロスに近づけた。層になった蜘蛛の巣が一瞬のうちに吸い口に寄り集まった。

びっくりだった。そのあと、高い天井の隅から隅までの蜘蛛の巣らしきほこりを掃除機で吸い込んでいった。

階段の天井が明るくなり、階段も明るくなった。

だれか気づくのを待ったが、だれひとり気づいてはくれなかった。といっても、そのころはわたしたち夫婦と、和子さんの三人しか住んではいなかったのだけれど。

ずっとあとになって、古い一軒家の借家に引っ越したとき、わたしはいちばんに同じメーカーの掃除機を買った。

和子さんは、十六歳ごろから二十二歳ごろまで、結核療養所で生活をおくった。その間のことをまるでキャンプでもしていたかのように話した。悪さもたくさんやったといいながら、指折りかぞえていた。

和子さんは、この療養所生活の間がいちばん成長したといい切った。たくさんの本を読み、たくさんの音楽を聴き、そしてたくさんの人たちに大切にされた。この間に最初の夫になるひとと婚約もした。

療養所での最後のころ、和子さんはお父さんの知り合いの援助でストレプトマイシンの治療を受けることができた。

みるみるうちに快復し、片肺切除手術を受けた。

その手術の入院中にお母さんが五十二歳で亡くなった。

婚約者が、そっと知らせにきた。

ぽろぽろと涙を流して立っている彼の様子から、お母さんが死んだのだとすぐ悟った。だから、手術のときこなかったのだと納得した。

わたしが知る三十何年かの間、和子さんは一度もお母さんのお墓参りにはいかなかった。今日が命日という話も、一度もしたことはない。けれども、恨んだり怒ったりしていたわけではなかった。

お母さんの心臓は珍しい症状があったとかで、どこかの大学病院に標本として残っていると聞いた。

「会いにいかないの、というひとがいたけれど、そんなものに会ってどうするの」と、和子さんはいった。

和子さんが療養所にいる間、お母さんは婚約者のTさんに和子さんを託した。

Tさんは日曜日ごとに本やおせんべいを持って、和子さんのもとにやってきた。

お母さんは弱っていたから、和子さんを訪ねることができなかった。何しろ和子さんの療養所は丹沢の麓にあって、とても遠かった。

「美人だったわよ」と、写真をみせてくれた。


和子さんにちいさな妹がいた。「紀乃《きの》」ちゃんという名前だった。

とても賢い妹だったといっていた。あまりに本を読んでくれとせがむから、閉口してしまって、小学生だった和子さんは幼い紀乃ちゃんに文字の読み方を教えた。

またたく間に、紀乃ちゃんは文字をおぼえていった。和子さんもびっくりしたそうだ。

紀乃ちゃんが文字と格闘している間に、和子さんはお友だちとあそぶことができた。

和子さんはまだ小学生だったのだから、いつもちいさい紀乃ちゃんとばかりでは退屈もしたのだろう。

すくすくと育ってはいた。ところがある日、紀乃ちゃんがおなかが痛いといい出した。

近所の医者にみてもらったけれど、原因がわからなかった。

お母さんが、「盲腸ではありませんか」と医者に問うた。

「こんなちいさな子が盲腸なんて、ありえない」といわれた。

ちいさいながら、和子さんもおろおろした。

「あのヤブ医者め。結局は母のいったとおり盲腸だったのよ。もう腹膜炎をおこしていた。手術のあと、少し快復したけれど、結局は亡くなったの。そのときの紀乃ちゃんの顔が忘れられない」と、和子さんは話した。

「紀乃ちゃんはとても賢かった。いま生きていてくれたら、どんなにうれしいか」

寂しそうな和子さんが珍しくいた。


わたしたちが稲村ヶ崎に住みはじめたころの和子さんは、前歯の上二本の間が空いていて、隙っ歯だった。

本人はとても気にしていたが、そのわりには大口をあけて、堂々とあっはっはと笑っていた。

わたしからみたら、そこが魅力的でもあった。

可愛らしい顔に似合わない隙っ歯だったけれども、そこがなんともいえず愛嬌があってよかった。

本と音楽に対しては、かなりな知識人だった。

そして、自らも大きな声でよく歌っていた。女学校に通っていたときはコーラス部だったといっていた。

NHKのラジオでコーラスしたこともあると、自慢そうに話した。

そのときの写真をみると、わたしが会ったころよりもずっとふっくらとしていた。

わたしたちは荷物が多かったので、ちいさな足踏みオルガンを下の居間に預かってもらっていた。

和子さんは時々、夜も遅い時間に、突如そのオルガンを弾きながら大声で賛美歌を歌ったり、ボリュームをあげてクラシックを聴いたりした。

そのころ、田村家の後ろ側には一軒か二軒の家があるだけで、広い野原が広がっていた。

だから、どこからも苦情がくることはなかった。

わたしたちは二階にいたわけだから、突然でいつもびっくりした。

初夏にならんとする六月のころ、北村太郎さんが、稲村ヶ崎の和子さんのもとに引っ越してきた。

少しの衣類とたくさんの本といっしょに。

北村さんはまだ和子さんを愛していた。それまで和子さんといっしょに住んでいた逗子に、ひとりではとても暮らせなかった。

北村さんは、住人のいない田村さんの部屋には入りたがらなかった。けれども、和子さんの説得にはかなわなかった。

飽くまでも田村さんの机は拒否して、坐り机を窓際に海に向かっておいた。

階段を挟んで左側に北村さんが、右側にはわたしたちが住むかたちになった。

わたしも北村さんと同じように、海に向かって坐り机をおいていた。

北村さんはたくさんの辞書類を身のまわりにおき、そのほかの本は床に立てかけたり積み上げたりして雑然とおいた。

メガネの奥の目は、戸惑いさえ感じさせる気弱な目だった。

なれてくるに従って、わたしたちは、北村さんがこころから優しく、和子さんに対しても思いやりのある方だということを知った。

朝の遅い和子さんをけっして責めることなく、一階の台所でひとりで朝食をとり、居間に移って、午前中かけて朝刊を隅から隅まで読んでいた。

新聞を読んでいるときは、何をしているときよりも真剣で、楽しそうだった。


わたしはそのころ、とても面倒な本の校正の仕事をしていた。

あるとき手書きの文字が、あるだけの辞書で調べてもわからず、困り果てていた。

そこで一枚の紙にその字を大きく写して、北村さんが二階にあがってくるのを待った。

そして、おずおずと北村さんに、「聞いてもいいですか」と尋ねた。

「いいよ」と返事が返ってきたので、わたしは一枚の紙を持ってとなりの部屋へいった。

「この字、なんと読むのか教えてください」

じっと紙をみていた北村さんは、「この字は日本の文字じゃないね。ぼくにも読めない」と目をパチパチさせていった。

わたしは、北村さんが読めないというのだから、堂々とその旨をエンピツで書き入れた。

案の定、著者の書き間違いだった。

北村さんは、詩をいつ書いていたのだろうか。

仕事をしていたときは、あらかた翻訳の仕事だった。

とてもつまらなそうに、エンピツを片手に、しょっちゅう遠く稲村ヶ崎の谷《やと》や海を眺めていた。

それでも、必ず終わりの日がきて、「終わったよ、ゆきちゃん」と、声がかかるのだから不思議だった。

お昼ごはんどきになると、下から「北村さん、お昼にしましょう」と和子さんの声がかかった。

北村さんがにっこりとして、うれしそうに階段をおりていく姿が思い出されて、いまでも微笑ましい。

北村さんが引っ越してきておよそ四ヵ月後、今度は、田村さんが稲村ヶ崎の家に帰ってくることになった。

北村さんは片づけもそこそこに、小町通りのアパートの六畳ひと間の部屋に急いで移っていった。

北村さんが田村家にいることは田村さんも知っていたわけだから、強引といえば強引な帰宅だった。

わたしは田村さんを迎えるために、和子さんとふたりで軽自動車に乗って、鎌倉駅の江ノ電側にかけつけた。

田村さんは着の身着のままで帰ってきていたので寒いといった。わたしは家に着くなり、黒の手編みのベストを持っていった。何を着てもよく似合う田村さんだったから、そのベストも最初から田村さんのものであったかのようだった。

田村さんは「トーストが食べたい」といった。しかもハチミツたっぷりのがいい、と。ハチミツはわたしたちの常備品だったので、和子さんに頼まれるままに持っておりた。

田村さんは焼きあがったハチミツたっぷりのトーストをおいしそうに食べた。けれど、食べるのが上手とはとてもいえなくて、パンくずをハチミツもろともベストにぼろぼろとこぼしていた。わたしは「やあ、ベストがハチミツだらけだ」とひそかに思った。

あらためて挨拶をした。

「田村先生だと思うと気が重いので、きょうから大家さんだと思うことにしたいと思います。それでいいでしょうか」

「すると、きみたちはうちの店子なんだな、そりゃあいい」と、田村さんは得意げに笑った。

和子さんと田村さん、そして北村さんがどんな関係にあったのか、わたしは一方的に和子さんからしか聞いていない。

「田村に若い女性のファンができたの。ぼくには天使がいるんだ、というようになってね。間もなく家にまでつれてきて泊めるようになったの。わたしは嫉妬深い女じゃないけど、そこまでは許せなかった。毎晩、田村と喧嘩するようになって、包丁を床に突き刺したこともあった。ほらね」

和子さんはそういって、床の傷痕を指差した。

わたしたちが越してくる四、五年前のことだ。

和子さんは相談相手もいず、困惑していたが、朝日新聞にお勤めの北村さんを思い出した。

田村さんと北村さんは少年のころから付き合いがあり、一九四七年には現代詩史に残る同人誌『荒地』をいっしょにつくった仲間でもある。

和子さんは北村さんの職場に通いつめ、田村さんのことを相談した。

北村さんは和子さんに同情し、いつしか愛するようになっていったのだと思う。和子さんも同じだったに違いない。

間もなく北村さんは会社を辞め、妻とふたりの子供をおいて、家を出た。和子さんも前もって準備していた鞄を持って家を出た。

和子さんと北村さんは川崎市の下作延にいっしょに住みはじめた。

田村さんはその天使の女性と稲村ヶ崎の家で暮らしはじめたが、家のなかは徐々に荒廃していった。そのことに耐えられなくなった田村さんは、女性の実家の近くの小金井のほうに女性とふたりで移った。

「和ちゃん、ぼくは家を出るから、稲村ヶ崎の家を頼むよ」という連絡を和子さんにして。

和子さんはさっそく家にいってみた。

「その荒れようったらなかった。どこもかしこもみるかげもなかったわよ。悲しかった。鍋という鍋は焦がして外に捨ててあったの。電話機みてよ。受話器がこんなふうにこわれるなんてね」

その黒電話の受話器は若い天使によって何度もたたきつけられ、原型をとどめぬほどだった（わたしがその話を聞いたとき、和子さんはその電話機をまだ使っていた）。

和子さんは何日もかかって、家のなかを辛抱強く片づけてきれいにした。そして、そのまま稲村ヶ崎の愛する家で暮らすようになった。

その時点で、和子さんと北村さんの逃避行は終わりを告げた。

田村さんが帰ってきた翌年の節分の夜のことだ。

突然にこれ以上は出ないであろうと思われるほどの大きさで、「鬼はあーそとおー、鬼はあーそとおー。福はあーうちいー、福はあーうちいー」と、夜の静かさを突き破るような声が響き渡った。

ほかならぬ和子さんだった。あげくにばらばらと豆らしきものを撒いている。びっくりしたわたしは田村さんの部屋をベランダからのぞいた。田村さんは手を振って、にやにやと笑っている。

実に気持ちのいい鬼払いだった。こんなにあっけらかんと大声で「鬼はそと」をやるひとを、ほかには知らない。

でも、これも田村さんがいるときだけだった。田村さんのお願いだったのだ。

田村さんは自分では何もやらないで、和子さんにやらせては満足していた。

極楽寺に抜ける山道のお稲荷さまに油揚げを供えるのも、田村さんが和子さんに頼んでいたことのひとつだった。

田村さんがお稲荷さまを信仰していたとは思えないが、断っていたお酒を飲みはじめるころになると、「山の向こうで、きつねがおいでおいでをしているんだ」と、呟いていた。

わたしは、田村さんが自分にはきつねが憑いていると思っていても、なんの不思議もない気がする。


田村さんは酔っていても、素面のときも、仕事となるとよく口述筆記をしていた。

田村さんがあたまをなでたり、じいっと考えたりしながら発した言葉を、和子さんがノートしていくのだ。

「どんな字、わかった、つぎ」といいながら辛抱強くやっていく。

わたしはそんな仕事のやりかたをみるのは初めてのことだったので、余程あたまがクリアでないとできないなあと思ったものだ。

聞きながら書いていくのも大変な作業だ。どこで改行か、どの字をつかうのか、漢字かひらがなかカタカナか。和子さんにとっても根気のいる作業だった。

時々、最初から読んでみてといわれると、和子さんが声をはりあげて朗読する。そのくりかえし。何日もつづくことがあった。

自分で書いていたこともあったのだろうが、それはだれも起きていない早朝の時間帯だったに違いない。

田村さんは、自分が食べるわけではないのに、わたしたちの朝食時に席を同じにしたがった。

ある朝、こんこんとドアをノックする音と同時に、わたしたちの部屋にウィスキーの瓶とコップを持って訪ねてきた。

坐ると「氷あるかい」という。めずらしいこともあるものだ。田村さんはいつも氷を入れないで飲んでいたから、不思議に思いながら氷の用意をした。

「これね、スコットランドのモルトウィスキーなのよ。飲んでみないかい」

わたしたちは顔を見合わせて困った。口は利かなかったが、お互いにちょっと飲んでみたかった。

ちいさなコップに氷を入れてとろりとたらして舐めた。おいしい。

「お土産にもらったのよ。うまいだろ。本物はほんとうにうまいのよ」

わたしたちは、いやわたしは、そのときのおいしさをいまも覚えている。ずっとあとになって少しお金が入ってきたとき、同じものではないが、スコットランドのモルトウィスキーを手に入れて楽しんだ。


その日はご機嫌で、突然海軍の話がはじまった。いきさつは忘れたが、唐突に、「いちべついらい、って言葉知っているかい」といった。

なんの話、とすこし酔ったあたまでぽかんとしていると、「紙、紙はないの。書くものも」といった。

田村さんは少し震える手で丁寧に、「一別以来」と書いた。

「海軍ではね、集まりがあるとこういうんだ。かっこいいだろう、一別以来。ううーん、いいねえ。意味わかるかい。久しぶりっていう意味なのよ」

ほんとうかどうかは知らないが、紳士たちが集まって、「やあやあ、一別以来」といいあっている姿を思い浮かべると、確かにかっこいいじゃないのと、ぼんやり思った。

田村さんは、なごやかに過ごしているときでも、目覚めた和子さんが階段の下から叱るようにいう、「隆ちゃん、いい加減にしなさいよ」という言葉には、いつもはっとしたように反応して、「おじゃまさま」といって、となりの自分のベッドに戻っていくのだった。

田村さんと和子さんにはささやかな夢があった。

庭の海側にはサザンカを植えよう。色は白。いっぱいに咲いたらうれしいねえ。入り口はサザンカのアーチにしよう。といった具合に。

わたしたちが住みはじめたころにはサザンカのアーチは出来上がっていた。でもアーチが低くて、田村さんは少しかがむようにして出入りしていた。

居間に面してりっぱな藤棚があって、季節になるときれいな紫の花が咲いたものだった。

藤も自慢だったけれど、可愛い花の咲くクローバーに似た草も自慢だった。庭一面に、緑いっぱいに茂るのだ。名は忘れたが、ある有名な植物の博士からひと株いただいてきたのが茂ったのだといった。枯れたみたいになっても、ひと株でも残っていたらこんなふうに一面に広がるのよ、と。

自慢するものがいっぱいだった。海のみえる反対側には、季節になるとシャガが咲きほこった。庭の東端にある夏みかんの木には、毎年実がたわわになった。

和子さんは植物を大切にしていた。愛情をいっぱいに注いで育てていた。

和子さんは鳥も愛していた。木の枝にいつも半分に切ったみかんをさして、メジロやホオジロがやってくるのを、台所の椅子に坐って待った。尾長鶏も飼っていたし、よくしゃべるインコも飼っていた。

和子さんは口元にインコをおいて、言葉を、文章を、辛抱強くおぼえさせるのだった。

「イナムラガサキタムラサンチノユキチャンオハヨウ」

いきなりそういわれて、うれしかったことがある。

ふたりのいちばんの大きな夢は、詩の世界に『田村賞』をつくることだった。節約してお金を貯めてそうしましょうよ、と話し合ったこともあったそうだ。そんな賞ができていたら、どんなにかよかったのに。

小町での北村さんの生活はつづかなかった。

わたしは何度も小町のアパートを訪ねたが、北村さんは孤独そのものにみえた。和子さんも心配だったのだろう。北村さんのためにすぐに新しいアパートを探してきた。それも、稲村ヶ崎の家から十五メートルくらいの場所に。


田村さんも最初のころは喜んでいたし、和子さんはなんだかとても忙しそうにしていたから、やっぱり幼なじみっていいものなのかなあ、と暢気にみていた。

あれだけおしゃべりをしあった仲だったのに、わたしは和子さんよりも、ふたりの詩人の様子のほうが気になっていた。

とくに北村さんはとても繊細で、いつも寂しそうにみえて辛かった。

稲村ヶ崎のアパートに遊びにいくと、のろのろと玄関で迎えてはくれるのだけど、無気力に思えて、初めて会ったときとは別人のように元気がなかった。

田村さんは北村さんとは対照的だった。いつも軽く酔っていて、毎朝のようにわたしたちの部屋のドアをノックするのだった。

気がついたときには、和子さんは精神的にダメージをうけ、身体はふらふらになるほど衰弱していた。

和子さんとの束の間の生活から、いきなりひとりになった北村さん。そして我が家に帰ってきて、ほっとしている田村さん。このふたりの様子には、とても大きな違いがあった。

両方に気をつかいっぱなしの和子さんは、ふたりの間を難破船のように漂っていた。みるみる間に和子さんの状態は悪くなった。

北村さんは稲村ヶ崎のアパートには二ヵ月ぐらいしか住まなかった。一月の末には横浜に引っ越した。

和子さんは北村さんが横浜に越してからも、一週間に最低一回は横浜の北村さんを車で訪ねていた。

田村さんの、「一週間に一回くらい行ってやれ」という言葉に従ったということもあるが、心配だったことと相まって、疲れた自分のこころと肉体を北村さんに会うことで休めたかったに違いない。

そして、ある日、和子さんは突然精神科に入院するといい出した。

精一杯の自己保全だったかもしれない。

片肺であったけれども、和子さんはかなりのヘビースモーカーだった。

いざ入院となったとき、まず最初に持ち物検査があった。すると、どうやって隠したのというくらい、たくさんのタバコが和子さんの服のあちこちからみつかった。ポンチョの折り返し部分やズボンのなかや袖口のなか、ありとあらゆるところから出てきた。

単に入院したらタバコに不自由するであろうと予測するのは、きわめて正常な反応だと思う。その点ではちっとも異常ではなかった。

でも、その隠し方は異常そのものだった。たくさんのタバコとライターを受け取って、わたしたちは笑い出したくなっていた。

和子さんは、タバコを全部取り上げられて、二階の重症患者のなかにぽんと放り込まれたと、後に振り返っていった。

ショック療法というらしい。

重症患者をみて、はっとして、自分は狂っていない、かなり正常だと思ったといった。

後日、わたしたちが夫の運転する軽自動車に乗ってお見舞いにいくと、どこからともなくわれんばかりの大声で、和子さんがわたしたちを呼ぶ声がした。わたしたちの車の音が、どこにいてもわかったという。

会うと、いたっておだやかで、まずはタバコをほしがり、おいしそうに吸いながら、

「タバコの時間が二度あるのよ。午前と午後。なかにはひと口ふた口で吸いやめるひとがいるの。わたしね、そんなタバコを全部もらって両手の指に挟んでいっき吸いをやっているんだ」

と話した。

手を出して、どんな様子かを説明する和子さんは、いたって正常だった。

どうやって和子さんを退院させたか、いつ退院したか、もう記憶が鮮明ではない。気づいたら、和子さんはかなり元気になって、病院から帰ってきていた。

けれども、後遺症的症状は長いことつづいた。

すこしでもおかしいと思うとすぐに病院へ。和子さんは、病気に対してはかなり敏感だった。

加えて和子さんが病気になるのを、本人以上に田村さんが拒絶していた。

和子さんはどんなときも田村さんの食事の手をぬくことはなかった。

自分がどんなに辛くても食事はちゃんとつくった。

酒を断っているときの田村さんは食欲旺盛で、朝から和子さんお手製のトンカツ弁当だったりした。

前日の真夜中に、和子さんがつくっていた。

以前と同じように家事を完璧にこなし、ピカピカの家を維持していた。

そのころ、真夏の暑いときに大工で絵描きのHさんが家のペンキを塗りにきた。「プロでもないくせに、あいつは高い」と和子さんは文句をいいながらも、家がきれいになっていくのがうれしそうだった。

なにしろ、和子さんにとっては、大切で愛してやまない田村さんとの家だったのだから。

わたしたちはいつのまにか、この稲村ヶ崎の家に三年近く暮らしていた。

居心地はよかったが、一方で田村夫妻と時間をともにすることで、すっかり生活感を失っていた。

気づいたら、お金は完全に底をついていた。

仕方なく、わたしが独身のとき住んでいた、小町通りの六畳ひと間の三階に引っ越すことにした。

一九八二年十二月三十一日。

和子さんが肺炎になり、鎌倉のS病院に入院して留守にしている間に、わたしたちはいつごろからからうちに住み着いた猫の親子とともに鎌倉の町へ引っ越した。

心残りだったけれど、わたしたちも限界だった。


長兵衛という飲み屋が、小町通りに入って三本目の路地を右に曲がった、もうすこしで八幡通りというところにあった。

夕刻開店前にはいつも打ち水がしてあり、建物は古く、緑に囲われ風情があった。わたしが初めていったのは田村家に住んでいた最後の夏の終わりのころ、田村さんにつれられてだった。

女将のNさんは厳しくて、「ほかの客の迷惑になるようならだめですよ」といった。それでも田村さんは長兵衛を愛していた。ひとりでいくと断られることがわかっていたから、わたしをつれていったようだった。

Nさんはわたしのほうをみてから、一杯だけですよ、といってビールを出してくれた。奥の畳の席の敷居にこしかけて、ありがとう、といっておいしそうにビールを飲む田村さんは、借りてきた猫のようだった。

この状況を家に帰って和子さんに話すと、「だって今、隆ちゃんはお出入り禁止だもの」とさらっといった。

長兵衛は外周りもさることながら、内側もいつも美しかった。とくに夏の終わりのころには真っ白の大輪の夕顔が咲き、それが好きだった。お店のなかにも、いつもそのときどきの季節の花がさり気なく飾られていた。

わたしたち夫婦は何か特別なことがあったときにしかいけなかった。それでもよく通ったほうだと思う。

夜の七時を過ぎるころの当時の小町通りは、昼間の喧噪に比べると嘘のように静かで、足音が聞こえてくるほどだった。


和子さんから、「田村が足を骨折して入院して退屈していそうだから、遊びにいってやってね」という電話が入った。

そのS病院はかねてから田村さんがよく入院するところだった。

肝臓を案じて酒を断ちたいときや、そのほかあらゆる病気に関しては、なにがなんでもS病院だった。

わたしたちにはお見舞いを用意する知恵もなく、ただ深紅のバラを一本買って病室を訪ねた。

「気が利いているねえ。一本というのがとてもいい。邪魔にもならずきれいだ」

わたしたちはもしかしたらお金がなかっただけだったかもしれない。我が家の六畳ひと間にもいつも一本のバラの花を飾っていた。それだけで、狭い空間に広がりを感じることができたから。

「この病院の大先生はね、元海軍なのよ。だから、ぼくはこの病院に決めているのよ。入院するときはここね」

飽くまでも海軍だった。

「大先生と気があうのよ、元海軍だからね」

田村さんのなかで、海軍が想像以上に大きな位置をしめているのがよくわかった。

酒を断つために入院しているときなどは、パジャマの上に服を重ねて着て、お見舞いにきたお気に入りの編集者と、ちょくちょく抜け出して飲みにいくこともあった。

そんな田村さんの行動に和子さんはいつもあきれていた。そして、歌っていた。

「あきれのハ、あいそがツ、声聞きゃム……」

和子さんの自作の歌だったのだろうか。何度も聞いたのにこのフレーズしかおぼえていない。

和子さんはわたしたちが出たあと、ある詩の雑誌の誌面に同居人を求めるむねの一文を載せてもらった。

すぐにわたしたちの後の住人が決まって、よっぽど気に入ったかうれしかったか、新婚さんのご主人をつれて、わたしたちの住むアパートに遊びにきた。

すでに赤い顔をしていたことを思うと、朝のうちに田村さんにつかまって、ビールかワインを飲んでいたのだろう。

にこにことして賢そうな青年だった。わたしたちよりはずいぶん若そうにみえた。

「さあ、何年つづくかな」と和子さんが席を外した隙にわたしがいった。

青年はきょとんとした顔をしていた。

「だいじょうぶっすよ。長くいます」

「お願いね」

そんな会話をしたのを思い出す。

「彼はね、S出版を辞めてうちにきてフリーになったばかり。まだ、新婚なの」

和子さんの明るいうれしそうな顔を久しぶりにみて、安心した。

新しい住人ができるだけ長くいてくれますようにと、祈るような気持ちだった。

彼はいかにも和子さんが気に入りそうな、育ちも性格もよく、そして文学的素養も兼ね備えた好青年だった。

彼は物書きになりたいか、詩人になりたかったに違いなかった。田村さんの翻訳物の下訳の仕事をしていた。

結局は、奥さんが妊娠すると同時に、横浜のほうに引っ越していった。長くなんかいられなかった。一年とちょっとの田村家だった。

その青年が横浜に越してから、北村さん、和子さんとわたしたちふたりとで、赤ん坊の誕生祝いに一度だけいった。

和子さんは新婚さんが去ったあと、今度はK書房の編集長にお願いして、だれかいないか、もう妻帯者でなくてもいい、独身者でもいいからと、二階の住人をさがした。間もなく、Fさんという独身の社員が住人になった。東大出の秀才だったから、和子さんは大喜びだった。

そのころ田村さんはほとんど家には帰らず、最後の奥さまになった女性のところに居つづけていた。

和子さんは毎月決まった日に、田村さんの生活費を届けに通っていた。「家に帰ってきてください、といつもお願いしているわ」といった。

わたしは驚いた。そんなことをお願いしていたとは知らなかったからだ。

和子さんは、「いまに帰る、もうすぐ帰る」という田村さんの言葉を信じ、その状況が長くつづいた。

そのころ、わたしたちはまだ小町通りの三階の六畳ひと間に猫たちとともに暮らしていた。

ある日、和子さんがいつもと違った様子でうちを訪ねてきた。

「ごめんね、お相手できなくて」

というと、

「いいの。ちょっと休ませてほしい」

といって、タオルケットを背中に当て、畳のうえに斜め仰向けになって寝転んだ。

わたしはこたつを机にして仕事をしていた。

和子さんは六畳の中央に寝て、妙に沈んだふうに天井を見つめていた。

わたしは気にもしないで仕事をしていた。和子さんも長い時間横になっていた。

あまりに静かだったので、ふっと和子さんをみたら、声もなくはらはらと涙を流していた。

わけがわからずにびっくりした。

「和子さん、どうかしたの。どうしたの、和子さん」

「どうもしない。気にしないでいいから、仕事していいよ」

わたしは気になりながら仕事をしていた。

そのうち、和子さんは寝息をたてていた。


ずっとあとになって、ほんとうにずっとあとになって尋ねた。

「どうして、離婚したの。うちにきて泣いていたとき決心したの」

和子さんはきっとわたしをみていった。

「ちがう。あんなふうに泣いたりしてわたしも馬鹿ね。ゆきちゃん、わたしの最大の恥部だわよ。二度といわないでね」

わかった、と答えたけれど、苦しかったり、悲しかったりするときに泣くのが、なぜ恥部なのか、わたしにはわからない。

その後、二度とそのことには触れなかった。

北村さんの病気がわかった。多発性骨髄腫。

「余命五年といわれたのよ」と、和子さんがぽつりといった。

わたしたちはただ呆然として聞いていた。


そんななか、北村さんの六十五回目の誕生日会を横浜の柏葉でした。

横浜の若い友人の家で、若い彼らと和子さんとわたしたちふたり、北村さんを除いても十人を越す若者たちが集まり、盛大だった。

北村さんはふだんと全然変わらない様子で、かえって照れくさそうにみんなの前に現れた。

元気そうにみえた。

病気のことについて聞けばなんでも答えてくれただろうが、なぜかわたしたちは病気については触れなかった。北村さんも何もいわなかった。

北村さんの還暦はとうにすぎていたが、わたしたちはそのお祝いも兼ねて革のリュックをおくった。北村さんはみんなの前ですぐにそのリュックを背負い、照れくさそうににっこりと笑った。

後になって聞いた。すでにリュックを背負うと肩の骨が痛かったそうだ。

それでも、そのつぎに会ったときには、みんなに羨ましがられたよといって、わたしたちを喜ばすことを忘れない北村さんだった。

北村さんはいつ会っても、猫の絵のちいさな紙袋をさげていた。もしくは、ナイロン製の軽そうな鞄をかついでいた。

和子さんのところの二階には長いことFさんがいた。稲村ヶ崎から東京まで通っていたが、あまりの遠さに力つきた。その後も別荘として安く借りていたといっていたが、東京からくるのはなかなかたいへんだった。

Fさんのあとには古道具を扱う母娘が住んでいた。

半年ぐらいだろうか。空白期間があって、和子さんが再びわたしたちのところを訪ねてくるようになった。

そこで、わたしは田村さんと離婚するに至ったいきさつを初めて聞いた。

「正式に離婚なんて、なんでしたの」というのがわたしの第一声だった。

なんといっても和子さんは、正式に籍に入るまで何もいわずに何年も待ったひとだったから、離婚なんて想像ができなかった。

ふたりきりでいると、とても平和そうで、わたしにはふたりが仲良く散歩を楽しんだり、会話を楽しんだりしていた記憶しかなかった。

田村さんが家になかなか帰ってこなくても、もうふたりの間で解決したものと思っていた。

「田村が、独身になりたいから離婚だけしてくれ、とそういったのよ」

でも、田村さんは離婚後すぐに再婚したのだった。

田村さんは奥さんになられた方のお嬢さんを養女に迎えた。

あるとき、東京に出かけようとしている田村さん親子三人と鎌倉駅で会った。

にこにこと話す田村さんを久しぶりにみて、ああ、仕合わせなのだなあと感じた。

けれども和子さんには、その話はとてもできなかった。

和子さんの離婚後は大変だった。

あわやSファンドにひっかかって全財産を失いそうになった。そのために二、三カ月よそに住んだりしたこともあった。友人に千万単位のお金を貸して、全然回収できなかった。そのほかにもお金を貸していた。あんなに堅実なひとだったのに。

そんななかにあっても、自分の生活は飽くまでもつましいものだった。

ごはんが残るとちいさなおにぎりをつくって、朝になると、それを電子レンジであたためて、お茶漬けにして食べていた。肉や魚はめったに買わなかった。

変わらず、週一回は車で横浜の北村さんを訪ねていた。

食事をつくるのが億劫になっていて、七、八軒の友人の家を回り、夕食を食べ歩いていた。

そして、どこにもいくところがなくなってくると、わたしたちのところを思い出して、晩ごはんを食べさせてといってくるようになった。

当時、わたしたちは小町通りから二キロくらい離れたところにある古い一軒家に移り住んでいた。四匹の猫といっしょに。

和子さんはうちには高級猫がいるよ、と自慢げにいいながら、わたしの家の猫たちに対しては、「ぜんぜん可愛くなくて、こぎたないヨタちゃん元気かい」と相変わらずの憎まれ口だった。

しかし、かすかに鬱が出ていて、「わたしあんまり食欲ないからね。漬け物とごはんがちょこっとあればいいのよ」と、くるたびに口癖のようにいった。

けれど、現実には、和子さんの食欲は目をみはるものがあった。白いごはんを四杯はぺろりと食べ、最後に毎度お茶漬けを食べるのだった。

どこか神経が壊れているとしか思えない状態だった。

ある夜、和子さんはわたしたちの知らないところで行き詰まり、あまり飲めないのに東急ストアの地下の飲み屋でたくさんの睡眠薬といっしょに酒を飲んだ。北村さんに無意識のうちに別れの挨拶の電話をして、最終電車のくるころ、和子さんは逗子と鎌倉の間にあるトンネルの線路に身体を横たえた。

北村さんは、和子さんから電話がかかってくることが何を意味するのか、よくわかっていた。

北村さんはすぐに横浜駅にタクシーを飛ばして、駅員さんに事情を説明した。

和子さんの身体は駆けつけてきた警察に保護された。

和子さんはそれっきりしばらくは正気に戻っていた。

北村さんは和子さんをひとりにはしておけないといって、仕方なく横浜を離れて、和子さんといっしょに生活するために、稲村ヶ崎の家に戻ってきた。

時々いたたまれないほどに、それぞれが孤独そうにみえるふたりだった。

北村さんが稲村ヶ崎に越してきても、和子さんはいっこうに家にいつかず、相変わらずひとりで外の友人宅を食べ歩いていた。

北村さんは堅実に自分で自分のことはしていた。洗濯は知らないが、少なくとも食事は自炊していた。

たくさんは持てないので少しずつ買い物をして、江ノ電に乗り、家に向かって坂道を歩く。

辛かっただろうなあと想像がつく。

ある日、和子さんがわたしたちの家に遊びにきて、死に損なったという話を長々としていった。

なんとなく鬱っぽかった。

北村さんが稲村ヶ崎でいっしょに住みはじめても、全然こころの満たされていない和子さんがそこにはいて、家事一切を放棄して、外をちいさな車で走り回っていた。けれども、北村さんは和子さんをいたわりつつ、力を振り絞って、自立して生きていた。

一九八九年の二月、北村さんが詩集『港の人』で読売文学賞をとった。和子さんのこころがときめいたのは、側からみていてもわかった。

北村さんはどう考えていたか知らないが、受賞式で北村さんの横に立つのは、当然自分だと決めている和子さんがいた。

実際、和子さんは受賞式の日に、少し控えめに北村さんの横に立っていた。お手製のグレーのパンタロンスーツを着て。

大江健三郎さんが北村さんの『港の人』の詩評をしていたのが印象に残っている。和子さんは新聞社の用意した黒塗りの車に、飽くまでも北村さんとふたりだけで乗るといって、稲村ヶ崎の家に帰っていった。

わたしは二度とそんな晴れがましい席にいくことはないだろうから、十分にパーティーを楽しんで、初めて新聞社の用意した車に乗って、鎌倉に帰ってきた。

きょうの和子さんは元気そうだったねとか、北村さん、スーツがとても似合っていたねとか、話しながら。

北村さんの身体は少しずつ弱り、でも、飽くまでもたんたんと振る舞っていた。

日々の翻訳の仕事は遅々として進まず、

「ゆきちゃん、ぼくの翻訳、番町皿屋敷みたいだ。原稿用紙いちまあい、にまあい。長い時間かかって、さんまあいまでいけばいいほうだよ」

と、空笑いしながらいった。

ゆっくりと仕事もしていた。会えるだけの人たちに会い、東京にも横浜にもしょっちゅう出かけていた。

北村さんは横浜の港がほんとうに好きだった。

十二月三十一日になると、新年を迎える真夜中の汽笛を聞くために、いつも港に出かけていた。

そして、温かいコーヒーを飲んで帰っていたのだろうか。ホテルニューグランドあたりで。

「たあいへんだったわよ。北村さんの布団カバーが血だらけでさあ、朝早くから病院に駆けつけてね。帰りにゆきちゃんちに降ろしていくから、なんか食べさせてあげて。昨日から何も食べてないからお腹すいていると思うのよね。いま点滴中だから、終わったらつれていくから」という和子さんからの突然の電話。

となりに住む北村さんをよく知る友人に話したら、「わたしがうどんつくるから。ゆきちゃん、悪いけど最後の仕上げして北村さんに食べさせてあげて」といった。

わたしは落ち着かない気持ちでわかった、といい、北村さんの到着を待った。

一時間ほどして、北村さんを乗せた和子さんの車がやってきた。

疲れていただろうに、北村さんは、

「和ちゃんをおどろかしちゃった。悪いことしちゃったよ。ゆきちゃん、世話になります」

といって、疲れた顔でうなだれていた。

どこまでも、気をつかいっぱなしの北村さんだった。和子さんは北村さんを降ろすと、車から出もせず、どこかへいってしまった。

北村さんのお疲れを思うとこころが痛んだ。北村さんは大量の出血を経験し、とても緊張していた。

わたしたちは友人のつくった具沢山のうどんをおいしくいただいて、夫の淹れたコーヒーを飲んでゆっくりした。

夫が北村さんを稲村ヶ崎に送っていった。このときが北村さんがうちにきた最後となった。

「絶品!」といいながらうどんをおかわりして、「コーヒーもまた絶品だなあ」といいながら味わってくださったことが、何よりの思い出だ。

間もなくして、北村さんは虎の門病院に入院した。

和子さんは、北村さんが入院したことにほっとしていた。

「でもね、ゆきちゃん。北村さんがいないから、猫のアブちゃんが元気がないのよ。何しろ北村さんとべったりいっしょだったからね。仕事のときはこたつの横に坐っていたし、寝るときもいつもいっしょだったしね。だんだん食べなくなってきたし、大丈夫かねえ」

和子さんは猫のことで頭がいっぱいだった。和子さんのなかではアブはそのまま北村さんのような存在だった。

それから二週間をちょっとすぎたころ、きょうが最後かもしれないと電話があり、和子さんと親しくしていた飲み屋のママと三人で、病院に向かった。

入院して重篤な状況になってからは、本妻の方がずっと北村さんについていて、和子さんは会えないでいた。

病院にいくのは、わたし自身は二度目だった。でも、きょうは特に危ないというので、和子さんにも連絡が入った。

和子さんはある人の協力で、本妻さんとうまく鉢合わせしないで、北村さんの最期に会えた。

「アブちゃんがお父ちゃんの帰りを待っているのよ。早く元気になってくださいね」

という和子さんの言葉に、何もいわずはらはらと涙を流した北村さんだった。

わたしたちはまれにみる美しい夕焼けのなかを車で帰った。夕焼けは真っ赤で、この世のものとは思われないほど美しかった。

和子さんは物わかりがよく、最期を見とれないのは仕方ない立場だといって、夕焼けを眺めながら、自分を納得させているかのようにみえた。

北村さん死亡の通知が届いたのは、真夜中の三時だった。

わたしはすぐに和子さんのところに車で走った。さぞやひとりで心細い思いをしているだろう、と思ったからだ。

家に入ると、和子さんは電話に追われていた。

しばらくあとに、かつて和子さん、北村さんと三人で生活したことのあるWさんも、和子さんを心配して駆けつけてくれた。

けれども、電話に応対している和子さんはどこからみても嬉々としていた。

「はい、わたしが最後までいっしょに住んでいた者です」

などと、それこそ舞い上がってみえた。

考えてみれば、和子さんは大彫刻家の娘であったり、天才詩人の妻であったり、詩人の恋人であったりしたことはあっても、いっしょに住んでいたひとの死には初めて遭遇したのだった。

和子さんが、あんなふうに北村さんの死について興奮しているのをみて、わたしは戸惑いを受けていた。

北村さんは六十九歳で亡くなった。その後間もなく、北村さんが愛してやまなかった猫のアブちゃんも死んでいった。

わたしは長いこと和子さんと交渉がなかった。一カ月に一回も会わない時期がつづいた。

ところが、ある夏の日の午後のこと、和子さんとばったり小町通りで出会った。いままでとは全然違う服装だった。そのうえ、髪も薄い紫色に染めていた。おおよそ想像もつかない装いの和子さんだった。

「和子さん、別人かと思ったわよ。どうしたの、和子さんじゃないみたい」

「変身したのよ。似合っているかい」

その言葉には返すことができなかった。和子さんはシースルールックで目の前に立っていた。

別に身体が直接みえていたわけでもなかったが、わたしはどきりとした。

けれど、賢い和子さんだからいつまでもそんな調子ではなかった。

そのうち自分で好きな服を厳選するようになった。スカートはあらかた黒のロングスカート、上着も落ち着いた感じのブラウスやコートを着るようになった。同時にこころも元に戻って、おだやかになっているようにみえた。

髪の毛は、染めるのをやめたら白髪だった。銀色に光る白髪がとてもよく似合って、ますますお父さんにそっくりになってきた。

和子さんは、ちょくちょくわたしたちの家にもくるようになった。

元気なときもあれば、極端に元気がなくて、くるなりソファーに横になることもあった。

このころから和子さんの心臓が少しずつ弱っていったのだと思う。

和子さんはちょっとした風にもふらつくようになり、長い階段状の坂道をのぼるときにも、鉄製の手すりにしがみつくようにして、一段一段のぼっていた。

最初のころは一ヵ月に一回のわりで、東京女子医大に通っていた。

のちになると、僧帽弁狭窄症のほかに、ふたつの心臓の弁にも問題が起こっていた。家には酸素吸入器が設置されて、寝るときは昼夜関係なく酸素を吸入しながら寝るようになった。

それでもそんな状況を他人には一切いいたがらなかった。持ち歩き用のボンベも与えられたが、一度もそれは使わなかった。

このころ、わたしも鬱に悩まされていた。

眠れなくなり、昼夜逆転したような生活のなかで、現実感の何もない精神状態になった。

春になると、さくらの花に幻覚をみるようになった。

わたしの状況をいちばんよく理解してくれたのは、ほかでもない和子さんだった。でも、和子さんは、和子さんとわたしの夫との間にあったことを話して、わたしをもっとおどろかすことになった。

このことは、一歩も前に進めない状況にわたしを追い込んだ。

和子さんがある時期、「田村が憎い」といっていたけれども、わたしは憎いという感情の前に、孤独感で胸がいっぱいだった。

わたしはひとりの生活に慣れることができず、猫二匹に頼り切っていた。

そのころ住んでいた家は古い借家で、庭も入れると五十坪の広さがあり、ひとりでは寂しさばかりがますのだった。

そんなとき、間の悪いことに、この借家の立ち退き問題が起こった。

何軒もの家を探してはみにいったが、最後に猫二匹の話をすると、どこもお断りだった。

困り果てていると、和子さんがひょっこり訪ねてきた。

「うちにきてよ、ゆきちゃん、二階全部使っていいから」

わたしは、当時仕事に通っていた町田からの帰りにあの坂道をのぼることを考えると、すぐには「うん」とはいえなかった。

「ちょっと、考えてみるね」

「考えるまでもないじゃないの。うちにきてよ」

その日は返事ができなかった。

けれど、自分の精神状態を考えると、まるで知らないところで、知らないひとと接していく勇気もなかった。

迷いに迷って、わたしは稲村ヶ崎で再び生活することを選んだ。

わたしはかつて田村さんの部屋だったところだけを使った。田村さんがおいていたように机をおき、ベッドをおいた。

本は紐を解かず、そのまま本棚につめこんだ。整理整頓する能力も体力もすでに失っていた。


和子さんには恋人がいた。月に一回、一週間ふたりで草津の温泉に彼の車でいっていた。

「彼が疲れると、わたしが運転するのよね」とさらっといった。

わたしは身体の弱い和子さんに運転させるなんてとんでもないと、内心怒りに似たものを感じた。

その間、和子さんが飼っていた五匹の猫の世話はわたしに任せっきりだった。同じ家のなかとはいえ、夜に暗い一階におりていくのは少し怖かった。

五匹は夜になると、ちゃんと餌を食べにどこからともなく帰ってきた。


引っ越して一年目は、和子さんが毎晩といってもいいくらい夕食をつくってくれた。

わたしは材料とお米を提供し、毎晩三百円を払った。

二年目に入ったころから、和子さんは料理への興味を全く失った。

わたしは仕事帰りに電話を入れ、食べたいものを聞き、帰ってから和子さんの指図に従ってふたり分の夕食の用意をした。

おかしかったのは、買い物をし、お米を田舎から送ってもらい、料理をしても、相変わらず和子さんの貯金箱に三百円を入れていたということだった。

時間を問わず、和子さんはお茶を飲みたいといった。真夜中だろうが、「ゆきちゃん、お茶飲もう」と声をかけるのだ。わたしが朝早く仕事にいく準備におわれていても、「ゆきちゃん、のどかわいた、お茶を一杯くれない」などと要求した。

わたしがばたばたとあせっているのは一目瞭然なのに、そんなことは平気だった。ひとりが嫌だったのだろうか、単に面倒だったのだろうか。わたしにはわからない。いつも遅くまで寝ていて、死んでいるんじゃないかと心配して、そーっとのぞきにいったことも数えきれないほどあるのに、なんでわたしが出かける日に限って早く起きていたのだろう。

稲村ヶ崎にわたしが再び住みはじめて間もなく、和子さんはハープを習いはじめた。女学校のときの友だちがすすめてくれたといっていた。

和子さんは東京の楽器屋さんでハープを買い、その店で逗子の先生を紹介してもらった。

ちいさな肩で支え、抱くようにしてハープを弾いた。

指の力が衰えていたから大きな音は出なかったが、ゆっくりでいいんだといいながら、熱心に練習をしていた。

もともと音感がよく楽譜も読めたから、上達も早かった。

毎週一回、逗子まで車で通った。わたしも仕事が休みの日は、逗子まで和子さんを送った。

先生は和子さんに、「わたしの生徒の最高齢者です。しかもとても優秀な」といったそうだ。和子さんはそのことをわたしにうれしそうに伝えた。

先生はハープの音程が狂うと、稲村ヶ崎まで駆けつけてきてくださった。

でも、和子さんの体力が衰えていって、二年ほどしかつづかなかった。

それでも、七十代で新しいことに挑戦する和子さんをみて、わたしはつくづく感心してしまった。

二階にいて、かすかに聞こえてくるハープの音は、たどたどしくても楽しかった。

和子さんは粘り強い性格だったから、休み休み何時間も練習をつづけた。

家から急坂を下って百メートルもいくと、道路側に面した塀に、一面ローズマリーの茂っているおうちがあった。

わたしは仕事にいくときは、いつもひと枝黙っていただいて、その香りを楽しみながら駅まで向かった。

冬から春にかけては、その枝に可愛らしい紫の小さな花が咲きそろった。その香りとひとかけの葉っぱを味わいながら坂を下ると、緊張が解けて、気持ちが楽になった。

手折ったちいさなひと枝は、仕事を終えて帰るときまでポケットにしまっておいた。

冬から春にかけての帰り道は暗く、稲村ヶ崎の駅から家までの坂道がいっそう辛かった。

そんなとき、ポケットのなかのローズマリーの香りがわたしにはありがたかった。

葉っぱを口にかみしめながら、ゆっくりと坂道をのぼった。

わたしは歩みが遅かった。電車から降りたひとの最後尾を歩いていると、前を歩いているひとがひとりずつ消えていって、それぞれ自分の家に入っていった。結局、最後に残るのはわたしひとり。心細かったが、和子さんと猫たちが待っていると思うと、ひと踏ん張りができた。

和子さんは酸素を吸いながらテレビを眺めたり、本を読んだりしながら、わたしの帰りを待っていた。

わたしはなんのためらいもなく、着替えるとすぐに和子さんの台所に立っていた。和子さんは、「ゆきちゃん、お茶くれる」といって、ゆっくりと起きてくるときもあれば、ベッドでお茶を待っていることもあった。

「和子さん、何からはじめようか」と、お米を研ぎながら聞いていた。

かんたんな物しかつくらなかったけれども、和子さんは、数の子かタラコか納豆があれば、お味噌汁とお漬け物で十分に満足した。

ほんの少しお刺身をつけたりすると、「きょうは贅沢ね」と、にこりとしながらいっていた。

わたしたちが借りていた駐車場はもともとは草ぼうぼうの原っぱだった。

和子さんは目ざとくて、あるとき、二個のフキノトウを指さした。右よ、左よといわれながら、わたしにはそれがいっこうにみえないのだった。それでも、どうにか二個のちいさなフキノトウを手に入れた。

和子さんはとても喜んで、「やったわね」とさかんにいって、うれしがっていた。

ふだんはもう料理をしなくなっていたのに、「ゆきちゃん、今夜はフキミソでごはんにしようね」と、家に帰るなり台所に立った。

さっと湯通しして、元気よくとんとんとちいさなフキノトウをみじん切りにし、ミソと砂糖とみりんを適当にまぜあわせて、フキノトウとあえた。

「できた。ううん、春の香りだねえ」

「和子さん、鼻馬鹿なのに香りするの」

「記憶の香りよ。味はわかるからね」

その晩はほかにもおかずがあったはずなのに、わたしは覚えていない。炊きたての白いごはんとおいしいフキミソの記憶だけが残っている。


ある日、和子さんがお父さんが亡くなったときの話をした。「鎌倉の税務署の少し手前にあるちいさな教会で葬儀がおこなわれたの」と。

「いったの」と、亡くなったことも知らなかったので思わず聞いた。

「いったわよ。棺のなかの親父の顔を殴ってやったわよ」と答えが返ってきた。

和子さんはなんといっても高田博厚の一人娘だった。本人にはその認識が強烈にあった。

思うに殴ったのではなくて、撫でただけに過ぎないのだとは思うけれども、心持ちとしてはきっと、最後になぜ会ってくれなかったのよ、といいたかったに違いない。

和子さんは深くお父さんを愛していた。

お父さんが亡くなって間もなく、和子さんが思っていたよりも少ない遺産が送られてきた。

和子さんはすぐに裁判に持ち込んだ。勝つには勝ったが、現金ではなく、お父さんの彫刻以外のクロッキーや絵が十数点送られてきた。

和子さんは烈火の如く怒ったが、仕方がなかった。

幸いにわたしは全部の作品をみせてもらったが、どれもこれも素敵なコレクションだった。

ある日、どこで情報を得るのか、その絵を買いたいという若いバイヤーがきた。和子さんは断るどころか話に乗って、全部を売り払った。

田村さんがアメリカにいっていたときに和子さん宛に出した私信も、全部コピーをとって本物は売ってしまった。

それらはすべて和子さん自身のものだから、わたしの出る幕ではないけれど、二階にも聞こえてくる話に、わたしははらはらした。

いつもはとても用心深い和子さんなのに、そのときはどうしようもなく慎重さにかけていた。

あとで、しきりに悔しがって、未亡人荒らしの男だった、といった。

「なんでゆきちゃん、止めてくれなかったのよ」

「和子さんが和子さんのものを売るのに、なんでわたしが反対できるの。和子さんの意思でやったことじゃない」

「ま、いいいか。悪い奴にひっかかったってことよ」

と、いつものように諦めの早い和子さんがいた。


和子さんの車は、どこに停まっていてもすぐにわかった。あちこちがべこべこのうえに、買ってから何年経っても一度も洗っていなかったから、外側はこのうえなく汚れていた。あるガソリンスタンドで、ただでいいから洗わせてください、といわれたことがあるくらいだった。

「雨が洗ってくれるわよ。車なんて走ればいいのよ」

昔の和子さんからは、想像もつかないことだった。

車の外側はいつもざらざらとしていたが、このころの和子さんはとくに服装に気をつかっていた。

いつも、車とはアンバランスな具合だった。

そのころにはわたしも自分のちいさな車に乗っていたから、和子さんの車に乗ることはなかった。車で出かけるときは、いつもわたしの車で出かけた。わたしもそのほうが気が楽だった。

休日にはよく七里ヶ浜のプリンスホテルでお昼を食べた。

はじめのころ、そこはタバコが吸えたけれど、のちに禁煙になってからは、もっぱら稲村ヶ崎駅前の偕楽で食べた。寒いときは温かいラーメン、暑くなると冷やし中華を。

三浦半島のほうに出かけるときもあった。そうすると、和子さんはいろいろな田村さんとの思い出を語り出すのだった。

「田村は背が高いでしょう。軽自動車では足がのばせないわけよ。だから、再婚してからベンツを買ったのかもね」

わたしは田村さんがベンツに乗っているのを一度も見かけたことがない。和子さんの勘違いかもしれない。

三浦にいくと、帰りはいつも夜になった。

そうすると和子さんは、

「ああ、死ぬのは惜しくはないけど、このきれいな海辺の夜景の美しさを眺められないかと思うと、さびしいなあ」

といった。

ひとりで走っているとき、わたしもいつも夜景がきれいだなあと思う。

そして、和子さんを思い出す。

わたしは、一匹の愛猫をなくしてから、最後に残ったゴクウという名の猫を、異常に愛おしく思うようになった。

ゴクウは大猫で八キロもあった。寝るときは必ずわたしの足もとで眠っていた。ところが一匹の猫が死んだ夜のことだ（その猫は毎晩わたしの腕のなかで眠りについた）。寝についたわたしの布団のなかに、ゴクウがとても遠慮がちにもぐりこんできた。感動したわたしは、ゴクウをわたしの最後の猫にしようと決心した。

わたしは、その翌日から、夜になるとゴクウを家にとじこめるようになった。

暗くなってもゴクウが帰ってこないと、「ゴクウー、ゴクウー……」と、和子さんの鬼追いにも負けないほどの声で叫ぶようになってしまった。

静かな住宅地では異様な叫び声だったに違いない。それでも、帰らないと心配になって毎晩叫んでいた。

すると、「うるさあい、大声出すんじゃない」と、わたしに負けないくらいの声が響いてきた。和子さんだった。

「ほんと、うるさいんだから。みんなが迷惑しててんのがわかんないのかい」

わたしは何もわかっていなかった。

ゴクウが家に帰ってこないと、今度は、ちいさな声で名前を呼びながら暗闇を歩きまわった。迷子の我が子を探すような気持ちだった。

「大きな声出すなっていったら、こんどは耳障りなちいさな声で、ゴクウ、ゴクウってうるさいなあ」

「聞こえていたの。知らなかった。ごめんね」

「放っといても帰ってくるよ、ゆきちゃん」

そうはいわれても、わたしは毎晩毎晩、声を潜めて探しまわった。

ゴクウといっしょに安心して眠るために。

ある仕事の休みの日のこと、和子さんと七里ヶ浜にあるプリンスホテルのラウンジに、サンドウィッチを食べにいった。

「ゆきちゃん、西友のとなりの花屋に寄ろうね」

そんなことをいうのは、田村さんと別れてから初めてのことだった。

帰りに七里ヶ浜の花屋さんに寄ったら、和子さんが五十個近くのビニール鉢に入ったパンジーを買うという。さぞやにぎやかな花壇になるだろうとわたしは思った。

かなりの数なので、車まで運ぶのに二往復しなければならなかった。家についてからも、車から庭まで二往復した。

「和子さん、わたし疲れた。ちょっと寝てくる」

「わたしが配置しておくから、あとでゆきちゃん植えてよね」

「えっ、わたしが植えるの」

「場所だけはわたしが決めておくから、あとお願い」

わたしは言葉もなく、「あとでね」と答えて、小一時間眠った。


田村さんがいるころは、和子さんは花を絶やしたことがなかった、赤れんがに囲われた一メートル四方くらいの花壇だった。

昼寝から起きて庭に出てみると、きれいにパンジーは色分けされて、もう穴を掘って植えるだけにしてある。

わたしは二階からの眺めも想像しながら、ひと鉢ひと鉢、丁寧に植えていった。色も上手に配分してあった。

全部を植え終わるころには、わたしはすっかりくたびれてしまっていた。

けれども、庭が主を取り戻したかのように生き生きとなって、うれしかった。

二階のベランダからの眺めもきれいだった。わたしの愛猫もその側に眠っているのだからと、自分をねぎらった。

和子さんは、「ありがとねえ」といいながら、うれしそうに景気よく水を撒いていた。

ねじめ正一さんの『荒地の恋』が出たあと、和子さんは少し興奮気味だった。

ある日、ぽつりといった。

「あの本のなかのわたしは嫌だな。わたしがすれっからしの女に書かれている。わたし、あんな女じゃないわ」

「気にしない。あれは小説よ。和子さんを知っているひとはだれもそんなふうにはみないわよ。そんなに気にするなんて和子さんらしくないよ」

「けど、読めば読むほどそうみえてくるんだもんね。やっぱり嫌なものよ」

和子さんはそれ以上はいわなかったけれど、わたしにも違う和子さんに思えた。

和子さんは、ふつうの常識でははかれない部分があったことは事実だけれども、けっして、すれっからしとは違っていた。時々言葉遣いが荒っぽくなるときはあったけれども、それは幼いときのお母さんの叱り方に抵抗していたに過ぎないのではないか、と感じる。

お母さんはいつも声を荒らげることなく、静かに和子さんのことをたしなめたそうだ。

「いつも嫌だった。どかんと雷を落としたように怒ってほしかった」といっていた。

東京の下町言葉とでもいうか、女性にしてははっきりしすぎているところがあった。言葉もそうだったが、行動もみかけによらず男っぽいところがあった。

和子さんはもっともっと根のからりとした可愛い女だった。


二週間に一回、戸塚のA先生のところにいくときには、朝が早かった。

わたしはそのころ精神的な安定を取り戻し、和子さんのもとを離れて、鎌倉の東の海の近くにひとりで暮らしていた。

和子さんはいつもは十時から十一時ごろに起きていたから、病院にいくときはわたしが預かっている鍵を使って部屋に入り、和子さんを起こしていた。

八十にちかくなってから急速に心臓のほうも弱ったのか、和子さんは動きが緩慢になっていた。

ぐっすりと寝ている和子さんをみると、いつもどきりとした。酸素を吸入しているからということもあるが、息をしているかどうか確認するまで、まったく安心できなかった。

出発するまで一時間はかかった。横からわたしが声をかけなかったら、もっと時間がかかったことだろう。

和子さんは不満ひとつついわず、

「きょうはどこにいくのだったか忘れちゃった。ゆきちゃん、きょうはどこにいくの」

と毎度聞いていた。

「A先生のところよ」

「じゃあ、おしゃれしていかなくちゃ」

そういって念入りに化粧をしていた。A先生は和子さんのお気に入りの医師だったのだ。

片道三十分くらいのところだったが、込むと四十分はかかった。道々いろんな話をした。

「もうじき、北村さんの命日ね。何年経ったかねえ」

「和子さん、よく北村さんをいじめたわよねえ」

「そうだったあ」

「だって、北村さんを放っといて、外ばかり食べ歩いていたじゃないの」

「そうだったかなあ」

わたしは、和子さんが北村さんに対して、けっしてやさしくはなかったことに不満を抱いていた。

和子さんはそんなことをなんにも気にしていなかったから、余計にいいたくなっていた。


A先生の帰りには、いつもデニーズでちょっとお昼を食べ、江ノ電の極楽寺駅近くの洋服とコーヒーの店「比呂」さんに立ち寄ってコーヒーをいただき、ひとしきりおしゃべりをした。そして、たまには洋服を買ったりして楽しんでいた。

いつも気持ちよく迎えてくれる比呂さんのことが、和子さんは大好きだった。

軽い認知症と病院でいわれてからも、しょっちゅう、「比呂さんにつれていってよ」とせがまれた。

いきさえしたら機嫌がよかった。

こころからいきたいところがあって、和子さんは仕合わせだった。

和子さんの認知症は軽かった。ひとがわからなくなったり、物事が思い出せなかったりすることはなかった。

だから、だれも認知症とは思わなかった。

けれど、料理に関してはまるっきりやる気を失った。ほうっておくと、台所は使いおいているものがぬるぬるの状態で山積みになっているのだった。

薬の管理もまるでできなくなった。

わたしは二週間分の薬を入れておける、ポケットつきの壁掛け薬仕分けボードを設置した。朝、昼、夕、夜の四つに分かれていた。

いくたびに薬ボードのチェックをしていたが、徐々に虫食い状態の減り方になっていった。

わたしはだんだんに不安になった。

「和子さん、薬はちゃんと服んでね。和子さんのあたまと心臓の薬だからね」

「ちゃんと服んでるよ、ゆきちゃん」
「だって、いっぱい服み残しているじゃないの」
「そんなことないよ」

そんなやりとりをだいぶ長い間やっていたが、今度はわたしのほうがだんだんと壊れていった。薬の量が増え、昼夜を問わず幻覚をみるようになっていた。

完全に和子さんはわたしの手におえなくなってきていた。だれかいっしょに住むひとが必要になっている。そう感じた。

ケアマネージャーに相談したけれど、どうにもならなかった。

安く入れる施設も探してもらったけれど、そんなものはどこにもなかった。

それでもひとりで暮らさなければならない、人生の過酷さを感じた。

「ゆきちゃん、具合悪い。ちょっときてみて」

その電話はわたしが和子さんのところから家に帰りつくと同時にかかってきた。

即座に友人に電話を入れた。

「和子さんがちょっとへん。タクシーですぐ稲村にきて」

それだけいうと、今度はいちばん近くのいつも通っている医者に電話を入れた。先生は横浜にいらっしゃったが、電話は通じるようになっていた。

「本人をみたら、すぐもう一度電話をください」と先生はいわれた。

わたしはとにかく急いだ。稲村ヶ崎の家の鍵を開け、部屋に入ったら、和子さんが受話器を持ったままベッドに伏せっていた。

とにかく呼吸ができるようにして酸素濃度を上げ、先生に再び電話した。

「先生、声をかけても反応がありません。本人はそれほど苦しそうではありません。

ここにある酸素を最大にして吸入させています」

そう伝えている最中に友人がきてくれた。

「意識が戻らないようなら救急車を呼びなさい」

すぐに救急車を呼んだ。わたしは和子さんの入院用の鞄といつものバッグをつかんで、やってきた救急車に乗り込んだ。病気のことを手短に話し、診察券を持っている大きな病院の名前をいった。

病院につくと、和子さんはすぐに濃度の高い酸素を吸入し、わたしは歩きながら先生に和子さんの病気の説明をした。

それから一時間、やっと目覚めた和子さんは、「ここはどこなの」と、ふつうにいった。

わたしは安堵のあまり力が抜けた。

肺気胸だった。片方しかない和子さんの肺に穴があいたのだそうだ。

それから二週間で和子さんは退院してきた。
そして、また日常がはじまった。

和子さんが八十に手が届いたころ、わたしは心身ともに調子が悪くなった。

けれど、和子さんはわたしよりもずっと弱い存在だった。

わたしは強迫観念に駆られているかのように、和子さんの日常の用事を助けていた。

和子さんはすでに車を手放していたので、何かというと電話がかかってきた。

「ゆきちゃん、お茶がなくなった。買ってきてくれない」

また、あるときは、

「比呂さんまでつれていってよ。帰りは比呂さんにおくってもらうから」

わたしにも仕事があった。

さまざまな不安のなかで、なんとかして自分の生活を守っていかなければならなかった。


神経がひりひりしている状態が長いことつづいた。

そんななかでも、相変わらず和子さんの三つの病院と自分のふたつの病院通い、そして福祉の方々との面談と、用事は徐々にふえていった。

できる限りのことはしたかったけれども、そんなとき、和子さんに五十代の恋人が現われた。

わたしにはそこに至る状況がわからなかった。いや、わかりたくもなかったのだ。

わたしは徹底して和子さんに会わないようにつとめた。

そのころの和子さんは、友人に貸したお金が返ってこず、気まぐれで迎えた養女を解除するのにお金がかかり、ほとんどお金がない状態だった。

わたしは拒絶反応と罪悪感との狭間で、どうにもならない状況に陥ってしまった。

とうとう医者からいわれた。

「田村さんと縁を切りなさい。あなたの力ではどうにもならないのだから。これ以上はあなた自身が駄目になりますよ。無理です」

ある部分ではほっとしたけれども、反面では無責任さに苦しくなった。和子さんのことを考えていると、涙がはらはらとこぼれるようになっていった。

わたしは勇気を出して、和子さんのことから一切手を引くことにした。

何をいわれようと、

「ドクターストップなの。ごめんなさい。わたしにはもう何もできない。何があってもいけない。鬱の苦しさは和子さんがいちばん理解してくれると思うのだけど」

と和子さんに思いを伝えた。

「わかるわよ」

和子さんはそういった。

けれど、その後いろんなことが起こった。

和子さんのお相手の五十代の男性から三度ほど電話があった。とても長い電話だった。

「前のように和子さんと付き合ってほしい」というのがいちばんの要求だった。

「ごめんなさい。できません。ドクターストップがかかっています。わたしは自分のことで精一杯です。わたしはもう何もできません」

そう繰り返すしか、わたしには方法がなかった。

こころは動いたけれども、わたしは自分が立っているのがやっとだった。共倒れになるわけにはいかなかった。

比呂さんからも電話があった。

和子さんがいろいろ恨みつらみをいうに違いないことは十分にわかっていた。

和子さんは比呂さんにこういったそうだ。

「ゆきちゃんに絶交された」と。

この言葉に至るまではあれやこれやといったようだけれど、わたしは気にしないようにつとめた。

だいたいのことは、想像がつくことだった。


和子さんが五十代の男性と付き合っている間、わたしは静かな生活をおくっていた。

それでも、二人の情報はいつも流れてきた。

そのたびに気がざわついた。

和子さんは自分のことに、いろんなひとを巻き込む名人のようなところがあった。ひとに嫌な思いを抱かせないように上手に物事を頼む名人。どんなことでもおもしろおかしく話し、いっしょにいるひとを楽しませる名人。いろんな面で名人だった。料理、洗濯、掃除、庭仕事。

わたしはどれだけのことを和子さんから教えてもらっただろう。

晩年は体力が追いつかずに、何もかもだらしなく思ったひともいたかもしれないが、わたしはきちんとしていつも清潔にしていた和子さんを知っていたから、ああ、体力が落ちたたなあとすぐにわかった。

和子さんは田村さんといっしょに住みはじめて、ずっと三年連用日記をつけていた。

二度目にいっしょに住んだころには、よく下から大きな声が聞こえたものだ。

「ゆきちゃん、今晩のおかずはなんだったっけ」

わたしが例えば、土光さんのめざしとほうれん草のお浸しと納豆とお味噌汁と答える。和子さんは日記にそれを書き付けて、一日が終わるという具合だった。

ちなみに「土光さんのめざし」というのは、むかしの経団連の会長だった土光さんがめざしがお好きだったという話から、わたしたちはどんなちんけなめざしでも、「土光さんのめざし」と呼んでいた。

あのころから軽い認知症がはじまっていたのかもしれない。

いつもハキハキしたひとなのに、それに朝は弱いはずなのに、朝早くからわたしのところに階段をあがってきて、ひとりを嫌がったり、時間のないわたしにお茶を要求したりしていた。

ひとはひと、というのが徹底していたはずなのに、あんなに人恋しがっていたなんて、和子さんらしくない。

自分の変化に不安でいたのかもしれない。

わたしが出かける時間になっても、ずっとわたしのベッドに坐ってお茶を飲んでいた姿が、目に焼き付いている。

「和子さんが施設に入ったけれど、人が訪ねてきたりすると帰りたがってどうしようもないから、どこに施設があるかはだれにも秘密らしいのよ。成年後見人の弁護士が絶対に教えてくれないの」

そんなただ事ではない電話がわたしのところにかかったときは、和子さんが施設に入ってから、もうかなり時間が経っていた。すでに家を担保に市からお金を借りているともいっていた。

朝の三時に起きてひと仕事を終え、朝食をすまし、ちょっと軽く眠ろうかなと思っていた二月はじめの寒い朝、和子さんが亡くなったという電話が入った。

和子さんが鎌倉高校の近くのホームに移ったという話を聞いてから、そんなに時間は経っていなかった。数日前には別の友人から、「和子さんがおせんべいを持ってきてって電話してきたけど、持っていって大丈夫かなあ」と電話で聞かれたばかりだったから、なんとなく信じられないことだった。わたしは後悔の念でいっぱいになった。

自由に会えるようになったら会いにいこうと思っていただけに、呆然とした。

すぐにホームに駆けつけると、化粧しているといわれ、しばらく待たされた。

霊安室に入ったら、仏式の用意をしていた。

とっさに口をついて出た。

「和子さんは幼児洗礼をうけているので、教会式でお願いします」

遠い昔にした、葬式はゆきちゃんがやってね、という和子さんとの約束を思い出した。全部の約束は果たせないけれども、なんとか守りたかった。

棺のなかの和子さんは、かなりふっくらとしていた。

「やあ、和子さん、ふとったのねえ」

「ええ、こちらのホームにこられてから、食事もしっかりとられ、ふっくらとしてこられました」

お世話をされていたという方がうれしそうにいった。

昨晩までとても元気で、朝九時に目覚めたあと、「ちょっと具合が悪いから朝食はやめにする」といい、九時半には、「ほんとうに具合が悪いみたい」と再びいったそうだ。

それから十分後には亡くなった。

大往生というべきだろうが、わたしは残念さのほうが先にたった。

「いつもいっていました。絶交されたということを」と、お世話されていたという方がいった。

なんとなく居心地が悪かったが、わたしは、「そんなことじゃなかったんですよ」と、穏やかにいった。

三日後、鎌倉市と逗子市に隣接している葬祭場で葬儀が行われた。

牧師こそいなかったが、和子さんにふさわしく花がいっぱいだった。わたしは参列者の賛美歌の響くなかで献花をした。

最初の夫だった方とその姪御さんたち。絵描きで大工のHさん。Kさん。比呂さん姉妹。歴代の二階の住人。挙げていっても仕方がないが、こころから和子さんを送りたい人たちが集まった。

みんなで棺に花を入れ、愛した猫たちの写真を入れ、わたしたちにできる最善のやり方で送ることができたと思う。

全員がお骨を拾い、骨のすくなさにわたしは驚いた。

納骨の日も和子さんを思う人たちがより集まって、賛美歌を歌いながら納骨できた。

しかも和子さんが気に入って買っておいたお墓だ。墓石には自分で描いたアベリアの花の絵が彫り込まれていた。その花は和子さんの家に至るまでの路地に、和子さんがみずから植えたものだった。

この納骨の日、和子さんの甥と姪、そして義姉というゆかりのある方たちも参列された。わたしはかねてから、和子さんが「わたしはひとり」といっていたのを聞いていたので戸惑った。

和子さんのお墓は、江ノ電の鎌倉高校前駅の、迷路みたいな坂道をてっぺんまでのぼったいちばん高いところにある。

相模湾を一望でき、晴れていれば伊豆半島もみえて、気持ちのよいところだ。

今年も二月の命日にスイートピーの花を持ってお参りしてきた。

目の前には群青色の冬の海が広がっていた。白い波がきわだって美しかった。

和子さんは海岸沿いの灯りがともるころも好きだったが、この冬の群青色の海も好きだった。

稲村ヶ崎の和子さんの家の二階からも、この海がみえた。

あとがき

和子さんが逝ってから、もう二年の年月が過ぎ去った。あのあっけらかんとした笑い声が懐かしく感じられる。

わたしは和子さんとの思い出が薄れてしまわないうちに、和子さんとのことを書いておきたかった。

思い出は限りなくたくさんあるが、生き生きとした表情や頑張っていた姿を、いまも鮮明に思い出すことができる。

楽しかったこと、ハラハラしたこと、笑い出したくなるようなこと、たくさんあるが、わたしなりにわたしがみて感じた和子さんをスケッチしてみた。

以前、北村太郎さんや、田村隆一さんをスケッチしたように。
和子さんはこのふたりよりもずっとわたしの身近にいた。
そういう意味では、和子さんにたくさんの感謝をしている。
最後に可愛い和子さんをスケッチして、筆をおきたいと思う。
田村さんといっしょに住み、北村さんがすぐそばで暮らしていたころの和子さんだ。

「あのね、ゆきちゃん。内緒だよ。だれにもいわないでよ」

和子さんらしくない言い草だった。こういった言い回しの話はわたしも苦手だ。

「じゃ、いわないで。いっちゃうかもしれないから」と、わたしは大真面目な顔で応えた。けれど、何をいおうが和子さんは話すことになるのだ。

「実はこの万年筆、東京の丸善で買ったのよ。北村さんには二万円といったけれど、ほんとうは五万円なの。恥ずかしくて正直にいえなかった。日記を書くために買ったけど、ボールペンよりも書きにくい。私が死んだら、ゆきちゃん使ってよ」

小ぶりのモンブランの万年筆だった。

わたしは何も考えずに、「ありがとう」と答えた。

何も恥ずかしがることではない。だれのお金でもなく自分のために自分のお金で買ったのだから。

でも、和子さんは北村さんが詩人であり、その北村さんが持っているものよりも高価な万年筆を、自分が使うことに気がひけたのだった。そういうときの和子さんは、とても可愛らしかった。

何かされたりいわれたりして傷ついた人もいたかもしれないが、和子さんは根本的には気が弱いところが大いにあった。ひとととはちょっと違う面で。

その気の弱さを、和子さんはあっはっはあと笑うことでカバーしていたような気がしてならない。

橋口幸子（はしぐち・ゆきこ）
鹿児島県生まれ。大学卒業後、出版社に勤務。退社後はフリーの校正者として六十歳まで働く。著書に『珈琲とエクレアと詩人』（港の人・二〇一一）。『冬の本』（夏葉社・二〇一二）に「みどり色の本」、雑誌『en-taxi Vol.35』（扶桑社）に「こんこん狐に誘われて――田村隆一さんのこと」を執筆。

本書の42～44、49、50ページの文章は、『en-taxi Vol.35』（扶桑社）に掲載された「こんこん狐に誘われて――田村隆一さんのこと」から抜粋し、加筆・修正したものです。

いちべついらい
田村和子さんのこと

二〇一五年五月二十五日　第一刷発行

著者　橋口幸子
編集　北條一浩
発行者　島田潤一郎
発行所　株式会社 夏葉社
〒一八〇-〇〇〇一
東京都武蔵野市吉祥寺北町
一-五-一〇-一〇六
電話　〇四二二-二〇-〇四八〇
http://natsuhasha.com/

印刷・製本　中央精版印刷株式会社

定価　本体一七〇〇円＋税

ISBN 978-4-904816-14-1 C0095　Printed in Japan